FRANCESCO PRIMERANO

50 years of Rock

♪Beatles ♫*Pink Floyd* ♪*Queen*♫

Vasco *Rossi & Ligabue*

The best of Rock Music: dai Rolling Stones a Vasco Rossi

Youcanprint Self - Publishing

Titolo | 50 years of Rock. ♪Beatles♫Pink Floyd♪Queen♫ VascoRossi & Ligabue

Autore | Francesco Primerano

ISBN | 978-88-91129-15-4

Youcanprint *Self-Publishing*

All' Arte del Rock nelle sue migliori forme ed espressioni.

Alla Vita, alla Poesia e alla Musica Rock nel loro splendore.

Ai grandi valori e simboli che hanno lasciato un importante segno nella nostra esistenza Rock.

A Vasco Rossi & Ligabue (i nostri Rockers italiani preferiti)

Ai Pink Floyd (a 40 anni dall'uscita del loro disco piu' significativo e riuscito "The dark side of the moon")

Ai Queen (Autentica Istituzione del Rock e a 40 anni dal loro esordio)

A Freddie Mercury (la vera e indiscussa Regina del Rock)

Ai Beatles & Rolling Stones (a 50 anni dal loro grande esordio)

Le note e le pagine Rock dai colori più svariati, dalle forme e dai contenuti più invitanti, si aprono, si sfogliano, si leggono, si scrutano, si amano e poi si chiudono con la speranza e il desiderio di rileggerle nuovamente con la stessa passione che si era presentata inizialmente...

(F.Primerano) ♪

♫

♪ ♫ *Il magico canto del Rock* ♪ ♫

Era la notte di un lunedì assai acerbo

il letto non riesce a trattenermi

mi alzo col sudore in fronte

e tra le lenzuola lascio un pò di noia

mi aspettano le note di un brano Pop

ma l'assaggio non è piacevole

ho il tempo di sputare un sorso di musica

dalla finestra

osservo il vuoto macchiato dalle ombre

dell'ultimo tram

e subito dopo si vedono giovani liberi per

le strade e per immensi prati

e si ode qualcosa di magico nell'aria

riconosco ancora quel suono soave

un suono dai 1000 colori e dai 1000 volti

un suono dalle armonie sincere e decise

un suono dalle melodie felici e soavi

non è il solito canto

è qualcosa di prodigioso ed unico

sì, proprio così, unico

non è altro che il magico canto del Rock♪♫

F.Primerano

INDICE

INTRODUZIONE

Il manuale in questione vuol celebrare più di 50 anni di musica Rock, il nostro amico e fratello Rock, il Rock senza tempo, il Rock dei popoli, il Rock che ha siglato intere generazioni di fenomeni, contribuendo a cambiare il mondo nella cultura, nell'arte, nel costume, nella nostra amata società. In sostanza viene celebrato il Rock che ha visto alla luce leggende, miti e artisti che ci hanno fatto cogliere al meglio le vere e pure essenze della nostra preziosa esistenza. Questo testo vuole inoltre mettere a confronto i due rockers italiani più amati (Vasco Rossi & Ligabue), i tre gruppi rock inglesi per eccellenza (Beatles, Queen & Pink Floyd), e le anime rock che sorridono alla vita, tra le note delle più grandi leggende della storia. Si tratta di un'attraente raccolta di gocce di vita rock, di magiche note musicali e di soavi pensieri che ci fanno comprendere al meglio non soltanto la realtà della Rock Generation nei suoi molteplici aspetti ma anche la vita di ogni singolo attimo. In sostanza sono descritte con grande fervore e interesse le tematiche e le note poetiche, musicali, artistiche che hanno rappresentato in pieno l'era della Rock Music nelle sue migliori espressioni, dai Pink Floyd ai Queen, dai Beatles ai Rolling Stones, daVasco Rossi a Ligabue, dai Led Zeppelin ai Nirvana, dai Guns n'Roses ai

Radiohead, dai Doors ai Coldplay, da John Lennon a Freddie Mercury, dalle leggende Rock senza tempo ai gruppi musicali senza storia, da artisti di grande spessore a quelli di minor rilievo.

PRIMO CAPITOLO

La musica Rock vive dentro di noi

Si è scritto praticamente di tutto sulla musica Rock, ma molto probabilmente non si era ancora parlato del Rock nelle sue varie sfumature, nelle sue migliori note, nei suoi molteplici aspetti, nei minimi dettagli, nei suoi temi più intriganti, nelle sue viscere, nel suo intimo cuore, nella sua profonda anima, nei suoi primi 50 anni di vera gloria, ebbene sì, più di 50 anni di storia musicale attraente e coinvolgente. La musica Rock viene alla luce nel corso degli anni 50' e 60' negli Stati Uniti e nel Regno Unito e trae le sue origini dal blues, dal country e in modo particolare dal Rock 'n' Roll, di cui Elvis Presley era considerato il re indiscusso.

Adrenalina allo stato puro, grinta
invidiabile, suoni ricercati e geniali di
chitarre elettriche, talenti insuperabili e
unici, voci elettrizzanti, sono alcuni degli
ingredienti tipici per un piatto succulento
di nome Rock. Ogni aspetto, forma, goccia
o frammento di puro Rock dona a noi i
colori più svariati, a tratti sbiaditi, a volte
accesi, ma pur sempre nobili e sublimi al
punto tale da essere considerati utili al
nostro umore non sempre gentile. I
variegati colori del Rock possiedono
sempre quel loro fascino e quella loro
personale bellezza, sono invitanti per chi
li osserva e li scruta con amore e stupore

*e si presentano essenziali e veri alle anime
più pure e pensanti. La Rock Music è
entrata, fin dai suoi albori, nella nostra
vita quotidiana, nelle nostre case, nella
nostra mente, nei nostri uffici, nei nostri
sogni, nelle nostre auto, nei nostri gesti,
nelle nostre tasche, nei nostri discorsi, nei
nostri intimi e dolci pensieri, e noi la
abbiamo accolta con buon umore e
stupore, con grande passione e nello
stesso tempo con un pò di magone. Ormai
fa parte di noi, tace dentro di noi, ma vive
e se vive è di noi, se muore è di noi, e
parla di noi, e cresce questa curiosa
abitudine alla musica Rock, che in fondo
vogliamo che viva, e vive con noi, vive e si*

apre dentro di noi, poi continua a vivere, e aspetta il momento migliore per crescere ancora, finisce con il nostro giorno, e ricomincia quando non possiamo più mandarla via, non può più morire, la fai morire e vive. ♫ La musica Rock rimane sempre viva e presente dentro di noi con le sue note e pagine migliori perchè è impossibile farne a meno, ormai da più di 50 anni di storia ♪ Bisognerebbe ringraziare spesso questo nostro amico Rock per la sua disponibilità a farsi conoscere, scoprire, esplorare, annusare, scrutare, con le sue sfumature e con i suoi variegati colori, odori e sapori. In sostanza i veri artisti musicali, i geni del suono, i cultori e gli esperti di musica risultano essere la ricchezza morale e materiale di questo Rock invitante e accattivante. Effettivamente senza di loro non esisterebbe il nostro amico Rock, quel Rock che ha cambiato in maniera decisa e sincera le abitudini della nostra noiosa esistenza. A volte ci piacerebbe tanto gridare ad alta voce : "Come sarebbe bello se tutti diventassimo una gran bella famiglia, anche se dispersa e radicata per le varie zone del mondo, una fantastica famiglia che si unisce nel bene e nel male, nelle vittorie e nelle sconfitte, nella gioia e nel dolore, un bel gruppo solido e solidale, una grande giostra di avventure ed esperienze vissute intensamente da persone speciali come noi, noi che apparteniamo alla mitica e favolosa Rock Generation.

Kurt
Cobain
Nevermind
THE
BEATLES
KING

SECONDO CAPITOLO

Sulle magiche note della Rock Generation

♪♫ Gli Artisti Rock *dovrebbero meritare il premio speciale della beltà d'animo, trasmettono con la loro essenza e con il loro canto quella sana vena di libertà che il mondo intero sogna da sempre, emettono con il loro forte e gentile suono quella gioia di vivere che tanti vorrebbero possedere. La loro deliziosa e amabile presenza riesce ad allietare le nostre tiepide giornate e a rendere magico tutto ciò che si può presentare nei nostri percorsi di vita dura e intensa.* Tra le favolose note di Vasco Rossi, Ligabue, Queen, Pink Floyd, Beatles e di altre leggende del Rock, si possono afferrare venticelli profumati, la febbre del fumo che vive nei corpi ribelli e sorrisi imploranti di persone perbene. Si può percepire il ghigno della giungla musicale al di là del mare e del cielo. Dentro al suono di canzoni senza tempo, ci possono essere strade arrossate dal vino, un buon vino d'annata, ed inoltre il clown che sorride e che regala sorrisi, giovani spigliati che cantano e danzano nel giorno e nel buio, braci ardenti e abbracci turbolenti in terre magiche, finestre aperte e letti disfatti. Sulle sponde della loro anima musicale si possono scorgere con sorpresa gli occhi del cuore imprigionati nel nulla delle nostre assenze ed essenze.

♪♫ Ascoltando quel Rock geniale e surreale, si va oltre la voce e dentro i suoni del nostro cuore. Nei vari brani si racconta come lo spirito del popolo musicale possa comprare sogni offesi dai palazzi del potere e succhiare nèttari di vite innocenti e attraenti. Inoltre si possono scovare scintille di gioventù pura e festosa ed eterni cammini verso la speranza. ♪♫ Patti Smith, la vera e indiscussa poetessa del Rock. Janis Joplin, la blues-woman per eccellenza. Tina Turner, la donna Rock di una grinta eccezionale. Bonnie Tyler, l'Artista Pop-Rock dalle qualità invidiabili e graffianti. Alanis Morissette, la principessa del Rock anni 90'. ♪♫ Brillano le grandi Stelle del Rock in immensi fondali di libertà e di vanità, al margine della folle corsa per il successo. La loro musica accende il carattere e i più grandi sogni. I loro sublimi suoni annaffiano fuggevoli fiori di parole dette e concetti scritti sui muri. *Si raccontano brandelli di ricordi sbiaditi da piogge di luce, bagliori rossastri di un tramonto ardito, smeraldi di inedita felicità, cristalli su visioni e immagini di energia invidiabile, spiriti ribelli e liberi, divorando novità e sogni di poeti senza tempo.*♪♫ Leonard Cohen, Cat Stevens, Bruce Springsteen, Jeff Buckley, Bob Dylan, Neil Young, Frank Zappa: poeti e veri Pionieri del Rock. Nei loro sonetti è anche presente la purezza di specchi che riflettono carezze furtive e si possono notare nostalgie senza speranza, adrenalina e vertigini senza memoria, spettacoli infiniti di grande gloria, legami sciolti e strade unite grazie alla grande tenacia musicale che li contraddistingue, e poi pareti che crollano senza alcuno scrupolo, facendo spegnere lo sguardo di giovani aitanti e vivaci. ♪♫ Lou Reed & The Velvet Underground, Mike Oldfield, Tom Petty, Tim Buckley, Meat Loaf, The Cult, The Scorpions. Nei loro testi si parla del tempo, di un tempo piccolo o di un lungo percorso di vite viscerali, del tempo stesso, del nostro prezioso tempo, del tempo che si prende cura delle ferite del nostro animo. ♪♫ Alice Cooper, Ozzy Osbourne, Eric Clapton, Jim Hendrix, Santana, Kurt Cobain. Nelle loro storie narrate ci possono essere castelli crollati e templi risorti, le stanze e le vaste praterie dell'anima e del cuore, occhi di fuoco o d'argento che sorridono alla nostra esistenza. Si possono trovare tracce del paradiso dentro le nostre menti che corrono furiose e smarrite verso l'ignoto, accendendo universi e colori mai esplorati. Si spalancano alla vita le menti contorte e stanche di un mondo tutto da scoprire e da assaporare. Si raccontano percorsi nei sublimi giardini, nelle notti umide e fredde, nei posti dolci e inebrianti, nell'infinito labirinto della coscienza, e poi si cantano torrenti aperti e salutari, anime giovani e spigliate verso la via del successo e verso il regno della libertà. In realtà si tratta di un Favoloso mondo che ci toglierà il respiro!? Il mondo Rock di Jim Morrison, Freddie Mercury, John Lennon. Tra i loro prati musicali fluttuano cavalli bianchi e di razza e si denota il fiato del nostro desiderio sempre pronto a vivere in ogni istante. ♪♫ Tra i brani e le note di Queen, Pink Floyd, Beatles, Doors, Nirvana, si possono incontrare piccoli lampioni che illuminano le nostre libertà, paesaggi vivaci e colorati, spettri di vite che si cancellano, strade impossibili da percorrere, immense rose di sangue, nature soavi e sincere. ♪♫ Smells like teen spirit ♪♫ Light my fire ♪♫ Under Pressure E poi si cantano con grande fervore eterne carovane di delfini sorridenti, favolosi posti tra le valorose nuvole, labbra carnose e mai nervose, le chioma d'oro o d'acciaio di una bimba vispa e graziosa. Nel panorama Rock si affacciano gruppi punk o dark del tutto geniali e originali: ♪♫ The Cure, Sex Pistols, The Clash, Ramones. Si affrontano temi di ogni genere e vengono esposti pezzi di vita nei vari poemi musicali di questi geni del Rock: le bianche e tenere vesti di un angelo, le vecchie e nuove glorie dei nostri giorni, le gocce di rugiada su animi in tempesta, il bacio dello zampillo tra soggetti che si amano, gli alberi che si baciano nel crepuscolo, i pagliacci incipriati tra le vie del paese, la felicità del sole nei cammini di giovani spose e la luce sanguigna dell'alba. ♪♫

Another brick in the wall ♪♫ Tra le opere Rock si percorrono temi di ogni genere, contenuti spinosi e scottanti e si vivono brividi di piacere. Tra i brani dei Guns N'Roses, Nirvana, Pearl Jam, Metallica, Cranberries, Smashing Pumpkins, Sound Garden, si narrano le frecce di riso e di pianto, gli uccelli gloriosi che volano in alto, gli spiriti rossi e ardenti di persone garbate, i dolci e verdi pioppi, il nitido cielo di ottobre e la pioggia di novembre.♪♫ Novenber rain E poi gli usignoli felici, i ruscelli freschi e innocenti, i baci macchiati di fiori preziosi, gli sguardi viziosi di eterni ragazzi, gli ulivi carichi di saggezza in un mondo incerto e cupo. ♪♫ Tra le parole e le tracce delle loro poesie musicali, si vivono le passioni dei boschi, le bianche viole sui volti sospesi, villaggi pieni di armonia e lunghi sguardi che esplorano la notte di stelle. Tra le nuvole musicali si intravedono le anime che giocano nel fiume azzurro, la fanciulla del vento che corre felice nel prato fiorito, si possono raccogliere conchiglie colorate e cembali di cristallo e possono inoltre palpitare i cuori di anatre serene. Si possono scoprire bimbi gioiosi che portano lenzuola di seta, bianche colombe che sguazzano tra le acque del lago e cavalli bianchi tra le verdi colline di un paesaggio senza tempo.

♪♫ I pionieri del rock colpiscono ancora con i loro racconti di vite e di speranze. Si cantano le dolcezze dell'imbrunire, le foglie macchiate di luna nella notte azzurra, fiori d'arancio giulivi, venti del sud, l'acqua del torrente piena di sole e tramonti di pesca e zucchero. ♪♫ Tra le note di Genesis, R.E.M., Who, Kinks, Yes,

Eagles, AC/DC, si possono assaporare anni propizi di abili eroi, lacrime sincere di madri sospese, fiamme blu di giovani speranze, amori leggendari, talenti infiniti, nuovi giorni o giorni acerbi e il lago che luccica di poesia e fantasia. Si possono incontrare sogni di cigni mansueti che respirano aria pura e che si nutrono di luce bianca, si possono notare alberi di seta che salutano alla coscienza. C'è la bella di notte che percorre puliti sentieri con l'oro in bocca, chi compra l'orgoglio con braci ardenti di un rosso fiammante e chi coglie lacrime sospese dentro l'anima.

♪♫ Tra i brani e le note di Jefferson Airplaine, Nazareth, Emerson Lake &

Palmer, Boston ,Cream, Supertramp, si possono partorire lacrime e stelle tra sassi e scogli, si possono gustare dolcezze infinite e vecchi dischi, tunnel di pietà e di grande disperazione, juke-box di gioie e perle musicali senza tempo. C'è chi regala parole d'amore e di passioni sfrenate e chi esterna storie interessanti da raccontare. *Ognuno di noi ha una sua storia Rock da raccontare o da poter sfoggiare, qualunque sia l'età che riesce a indossare. Ognuno di noi ha una sua esistenza attraente, stimolante, avvincente, ma pur sempre personale ed unica a tal punto di esserne fieri. Ognuno di noi è speciale nelle sue nobili o lodevoli imprese Rock, ma anche e soprattutto nei suoi deliziosi e piccoli gesti.* ♪♫ E' cambiata la Musica Rock nel corso degli anni!? Le radio esultano e sorridono al sole. Ci sono Artisti punk, jazz e blues che si fanno dei profondi giretti nel lato oscuro della vita e ci sono coloro che cercano l'amore e il desiderio a tutti i costi. ♪♫ Deep Purple, Chicago, Bee Gees, Beach Boys, Byrds, The Scorpions. Ci sono Rockers regolari o fuori dal tempo, altri che pensano e cantano rivolgendosi al passato: *c'è chi guarda al passato con nostalgia e chi guarda il futuro con allegria* Yesterday♪♫ *e chi pensa che il tempo vinca sempre, travolgendoci con le sue speranze e le sue illusioni. C'è* chi si presenta come un sano precursore del domani e chi come un semplice malato di nostalgia. C'è chi abbraccia il tempo e chi lo sfugge, c'è chi non teme il futuro ed è pronto a gustarlo a piene mani come ha sempre fatto per il suo fantastico passato rock. C'è chi sente gli anni che volano e chi li accarezza con buon umore, chi cerca di raccogliere e catturare i 20 anni con un entusiasmo rock un pò tiepido ma piacevole, approfittando della loro generosità e chi cerca con grande fermezza di afferrare l'istante presente.♪♫ Time. Si può scovare l'artista Rock che pensa persino ai bimbi indifesi, quei bimbi da amare e da accudire, quegli stessi bimbi che, per il semplice fatto di essere tali, hanno quel lampante diritto di vivere in terreni sereni dove poter sorridere sempre e di essere seguiti nella maniera più esemplare per tutti. Tutto ciò è il mondo che abbiamo creato, quello che abbiamo invaso o quello che abbiamo devastato!? Questo è il mondo del Rock'n'roll!? da cui si possono estrapolare armonie segrete, magie senza fine, giorni di pioggia senza cuore, cattive e ottime risposte di vita, luci di occhi sempre vigili, sensazioni e piaceri di tutti i tempi!? ♪♫ Green Day, Radiohead, Placebo, Blur, Skunk Anansie, Lenny Kravitz. Ascoltando questi suoni soavi e profondi basterebbe lasciarsi andare e darsi alla pazza gioia!? Basterebbe cercare notti senz'anima afferrando l'ignoto cuore!? Basterebbe ritrovare angeli felici, anime in piena, occhi speciali e pieni di magia, yuppies in azione e sempre in gioco!? Basterebbe scovare riflessi di luce e di gioia, il mare dentro le nostre vene e cercare naviganti e venditori di felicità!? ♪♫ U2, Kiss, Van Halen, Aerosmith, Alan Parsons Project sono altri pionieri del nostro fratello Rock. Ci sono situazioni e storie preziose che vengono raccontate nelle poesie rock di ogni tempo: si descrivono le morbide sponde del lago, la luna piena nel vuoto della vita, e poi la

casa dei delfini che sorride accogliendo
nuovi amici. Si affacciano le varie fragilità
umane senza spazio, le eterne partenze e
gli approdi ormai compiuti. Si intravede
finalmente un Rock di speranza e di luce!?
♪♫ Tra le perle musicali di Pink Floyd, Led
Zeppelin, Beatles & Rolling Stones, che
descrivono al meglio 50 anni di storia del
Rock, si cantano le città di frontiera,
l'èstasi e l'onnipotenza, le stelle di mare
che attraversano l'odore del fiume e le
sacche di disagi sociali. Sono presenti
rifugiati e trafficanti di desideri, i colpi di
vera allegria, le primizie dell'aurora, i
viaggiatori viaggianti, lo zoom di
immagini amare, di finestre aperte e di

amori ciechi. ♪♫ Rock e dintorni!?

Quando qualcuno parla di puro Rock,

altri rispondono persino con canzoni

popolari, e c'è chi invece risponde con

brani soul, con testi jazz, con canti blues,

con note grunge e con suoni glam. ♪♫

Simon & Garfunkel, Sting & Police, Bryan

Ferry & Roxy Music, Mark Knopfler &

Dire Straits, sono alcuni dei grandi

protagonisti delle nostre preziose

emozioni Rock, quelle stesse emozioni che

non riesci a capire o spiegare, ma ti lanci

a vivere intensamente. Tra queste

sensazioni Rock si affacciano i giullari del

nostro cuore, le foglie di tè, i cieli stellati e

gli amanti della luna, i lunari di ottobre, i

sogni senza età e le varie cicatrici

dell'anima. Si vedono persino Artisti in

ascesa e artigiani di sentimenti, scenari

d'altri tempi, marinai con facce da

decifrare, annusando mondi sereni di

poesie, sì, proprio così, delle vere e

deliziose poesie rock, nient'altro che

quelle.

TERZO CAPITOLO

Le anime Rock sorridono alla vita

Nello scenario musicale sono sicuramente presenti diverse tipologie di fans o di soggetti colpiti dal piacevole contagio della Rock Generation. Nei vari locali e concerti rock si fanno folli giochi senza poesia, si vede spegnere il fuoco degli amanti, si vedono giovani liberi per le strade e per immensi prati: c'è chi paga l'amaro prezzo della felicità e chi si perde nella disperazione di un'età. C'è chi vive e muore di piacere e chi assapora libidini e adrenaline allo stato puro. Si può scovare il giovane scolaro che si immerge nelle note della sua musica preferita e si confronta con tutto ciò che è vitale e salutare e chi pensa che tutti dovrebbero dare un senso alla loro esistenza, facendo scivolare il dispiacere tra le note rock che contano sempre. C'è chi viene alla luce per esibirsi ed esserci sempre, cercando di smaltire guai e dispiaceri, ci sono compagni di insonnie condivise nel bene e nel male e la comitiva che vuol affrontare sfide elettrizzanti. C'è chi cerca di rivivere le stagioni dell'amore o chi ritrova semplicemente l'amore in ogni stagione dell'anima. Ci sono fuochi Rock che divampano e che mai si spengono, chi si sporca d'amore e chi si graffia di pure emozioni, chi viene folgorato dalle gioie altrui, cercando di smussare gli angoli contorti del proprio carattere. C'è chi

preferisce seguire un gruppo musicale
glorioso come Pink Floyd, Beatles &
Rolling Stones piuttosto che un partito
politico inutile e tedioso. C'è chi crede che
essere figli del rock ci renda padri di
grandi e invitanti idee e c'è *il ragazzo che
si interroga sul futuro e non trovando
delle risposte adeguate si confonde tra le
note rock per poter realizzare quei
desideri che nessuno avrebbe sognato di
seguire. C'è chi pensa che i volti rock
avvolti dal mistero risultano più intriganti
di coloro che si avvolgono nella banalità
del loro apparire.* ♪♫ *Let it be.* C'è chi ama gli
eventi e le novità rock che non risultino
banali, che facciano stravivere

un'ennesima gioventù e che sappiano emozionare più del passato. C'è chi ammette di aver sempre scrutato ed esaltato la parte positiva e tutti i gradevoli pregi del Rock, altrimenti avrebbe continuato ad odiare l'intera umanità e chi considera l'essere umano la parte peggiore di una scimmia insignificante. C'è invece chi apprezza le persone per quelle che sono nella loro positività cercando di non denigrarle per ciò che non sono. C'è chi pensa di ritrovare tra le note Rock quei sorrisi che gli erano stati rubati dai suoi cari nemici e cerca di assaggiare quei bocconi di felicità che si erano persi strada facendo. ♪♫ Come together. Nell'universo Rock si possono incontrare inoltre quei ragazzi che cercano in tutti i modi di soddisfare quelle emozioni che si erano spente durante una giornata infernale o nel giro di ore trascorse nel nulla. C'è chi cerca di godersi quegli attimi di libertà che aveva perduto nel giro di poche ore di stress e di noia e chi riesce a cantare pensieri e parole che trattano della signora Libertà. *Ce ne sono altri che credono ancora al fantastico valore della libertà in ogni sua forma e tutto il popolo rock ha bisogno di crederci ancora. C'è chi prova ribrezzo verso le discipline imposte dagli altri, soltanto per il loro gusto di potere.*

♫ I want to break free

C'è chi è convinto che il rocker nasca libero ripudiando l'ipocrisia e il ricatto di coloro che governano, chi riesce a scovare la vera libertà vivendo il rock senza vergogna e mostrando pregi, difetti e carattere e poi ci si accorge che la libertà che si stava cercando si trovava proprio dietro l'angolo o dentro il cassetto della nostra anima sempre pronta a darci una mano nobile e gentile. ♫ Liberi.Liberi. C'è chi cerca di uccidere la noia e chi si fa contaminare e afferrare dai tentacoli dell'infelicità. C'è chi, in questi immensi vuoti, cerca di scovare la pienezza della propria esistenza, e chi cerca di riempire i piccoli vuoti nel migliore dei modi, ascoltando tutto ciò che risulta pieno e vitale. C'è chi riesce a ritrovare se stesso stimandosi ancor di più, ma è soltanto una vera illusione o il raggiungimento di un piacere desiderato da sempre!? Si può incontrare chi insegue vite e piaceri che non siano omologati alla massa e chi pensa che il miglior sogno sia continuare a fare tutto ciò che ci piace fare e creare con le idee Rock. C'è chi ritrova un vecchio amico rocker, ma non un nuovo tesoro, c'è chi pensa di aver incontrato il vero amore, ma non era ciò che desiderava e chi considera l'amore come un'avventura meravigliosa nella quale lanciarsi senza pensarci, alla ricerca di

conquiste Rock sempre più intriganti. C'è chi pensa che la musica rock possa farci nutrire dei suoi nèttari migliori, quelli di una libertà che soltanto lei può donarci con la sua calorosa accoglienza,
quella salutare ospitalità che soltanto noi avventurieri sappiamo annusare. C'è chi crede che la vera musica rock sia da cercare e scovare anche e soprattutto nella nostra cara natura, dove si potrebbe scoprire qualcosa di molto grande e indefinibile e chi pensa che la musica abbia il potere di farci nutrire di pura libertà e di ricchezza interiore, quando ci sentiamo cupi e poveri intimamente.

C'è chi considera l'arte del rock come un'invenzione per la quale conviene vivere, una delle forme d'espressione migliori esistenti sulla terra, creazione come catarsi, l'unica fede, l'unica ancora di salvezza in una società che va alla deriva e senza di essa il popolo rock non avrebbe alcun motivo di esistere. C'è chi invece reputa la Signora Musica come un ponte tra gli uomini e un ottimo metodo per cogliere il volto nascosto dell'universo rock: questa *forma di espressione ci permette di svelare i misteri che ci sfuggono e di comprendere meglio il mondo ed inoltre ci aiuta a dare forma ad una certa idea di felicità e di porci spesso*

nell'armonia e nella pace e nasce quel

bisogno smisurato di conoscere per capire

meglio tutto il Rock che ci circonda. C'è

inoltre chi pensa che la musica rock sia la

madre di tutto il pianeta terrestre e la

figlia del sistema celeste e chi crede che la

musica si possa definire discutibile
soltanto se i suoi versi non hanno la forza
di parlarti o di non trasferirti nulla. C'è
chi sostiene che non è sempre possibile
chiederci di rispettare le persone anziane,
se le stesse non hanno alcuna attenzione o
rispetto nei confronti del giovane che ha
bisogno di gustare le note rock e chi
crede che gli spettacoli migliori ci
vengano donati dalla nostra cara musica
con la sua indomabile volontà e con il suo
invincibile talento. C'è inoltre chi crede
che la freschezza della nostra anima
riscaldata e colorata dal ritorno del rock
sia sempre entusiasta di raccogliere le
altre idee e le altre anime con decisa

umiltà. Tra questi giovani pieni di speranze, si possono respirare paranoie e panico, libidini e folate di vento, fantasmi nelle tasche svuotate dal nulla e l'eterno innamorato della luna. Si notano le campane che suonano a festa, oceani di magia e di beltà d'animo, il dolce fluire nell'anima e nelle pieghe dell'amore. Tra le anime rock si può trovare inoltre chi vuol catturare i momenti di gloria e gli anni più belli della propria vita in immagini storiche di foto come deliziosi pezzi di vita Rock.♪ ♫ Don't Stop Me Now.

QUARTO CAPITOLO

50 years of Rock:

dai Rolling Stones a Vasco Rossi

Nel panorama rock mondiale si può incontrare veramente di tutto: si affacciano idee divergenti, ma anche opinioni condivisibili da tutti. Si notano gli amanti del Rock che ascoltano la loro musica preferita, si tuffano in quelle sublimi note per cercare la serenità che si era dileguata tra le varie difficoltà quotidiane, si perdono nell'incantesimo delle sonorità ritrovate dopo tanta ricerca interiore, e finalmente riescono ad abbracciare la forza della loro anima per dimenticare il superfluo che ci sta intorno e vincono sulla noia e sulla tristezza invasiva che ritenevano decisamente minacciose. Questo è il potere che può

possedere soltanto la nostra musica Rock,
il potere di far abbracciare quella serenità
perduta. ♪ ♫Nell'universo musicale non
potevano mancare i veri appassionati e
cultori di rock che, seguendo i propri miti
e idoli, sono riusciti a fondare gruppi e
club dedicati a leggende senza tempo
come Queen, Pink Floyd, Led Zeppelin,
Beatles & Rolling Stones,Vasco Rossi &
Ligabue. Un popolo sempre in agguato,
presente, sveglio e pronto al confronto: c'è
chi condivide spesso link e post dedicati ai
Pink Floyd piuttosto che quelli sui Beatles
e chi apprezza entrambi, celebrandoli
ovunque. I Pink Floyd si presentano da
sempre come una delle leggende più

nobili e prestigiose di tutto il Rock
mondiale e uno dei gruppi musicali più
geniali nella storia di tutti i tempi. "The
dark side of the moon", uno dei loro
album più famosi e venduti nella storia
del rock, celebra i suoi primi 40 anni di
vita: rimane sempre una pagina di storia,
un'icona immortale, un disco ricco di
classe e di fantasia e viene considerato il
più creativo e significativo della loro
impeccabile carriera, rappresentando
inoltre un vero viaggio di pop progressivo
del tutto armonioso e suggestivo.

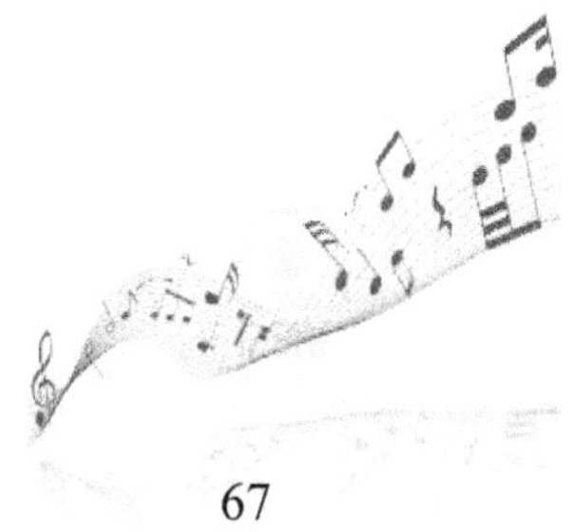

♪♫ **Shine on you crazy diamond**

♪ ♫ Learning to fly.. ♪ ♫Comfortably numb...

♪ ♫ One of these days

♪ ♫ High hopes   ♪ ♫ Echoes...

♪♫ The great gig in the sky

♪ ♫ Us and theme....   ♪ ♫ Time...

♪ ♫ Heart of the sun...

♪ ♫ Money...   ♪♫ **Wish you were here...**

♪ ♫ **Another brick in the wall**

♫ ♪ ♫ Questo è il popolo rock !? Un popolo di sognatori e di grandi precursori del domani!? *C'è chi ascolta i brani dei Nirvana, dei Led Zeppelin o dei Guns N'*

Roses e c'è il collezionista diligente che condivide link su rari oggetti d'arte e su pezzi storici di Beatles o Rolling Stones. C'e' invece chi segue i mitici Queen, collezionando tutto ciò che li riguarda e fondando gruppi e club che ricordino il talento invincibile di Freddie Mercury. I Queen hanno siglato per sempre un'autentica istituzione del Rock, sì, proprio così, una delle formazioni glam-rock di maggior successo di quest'ultimi 40 anni. Soprattutto grazie ai loro suoni elaborati e pomposi, alle sublimi armonie vocali di Freddie Mercury, ad una miscela musicale tra glam e hard sono stati sempre campioni d'incassi. Brani come

"We are the champions", "Bohemian Rhapsody", We will rock you", "A kind of magic", "I want to break free", "Radio ga ga", "The show must go on", hanno siglato e condito la colonna sonora delle nostre serate in compagnia, delle nostre feste in armonia e dei nostri nèttari di vita. E sulle note di quel Rock duro ed efficace si estendeva, dalle tonalità cupe a quelle più alte, l'insuperabile voce dell'eccentrico, eccessivo e leggendario Freddie Mercury: l'Artista-rocker che amava fare le cose a modo suo e divertirsi. Se l'indomani fosse finito tutto il suo danaro avrebbe continuato a fare tutto come se avesse avuto un sacco di soldi, perchè è così che era abituato a fare, se ne sarebbe andato sempre con un califfo persiano e nessuno lo avrebbe fermato. Amava vivere in pieno la vita e nessuno gli poteva dire quello che doveva fare, sì, proprio lui, *colui che amava farsi definire la vera regina del Rock* ♪

♪ ♫ We are the champions

♪ ♫Radio ga ga...

♪ ♫ *Don't stop me now...* ♪ ♫ The show must go on...

♪ ♫ We are the champions

♪ ♫ Bohemian Rhapsody

♪ ♫ **We will rock you**

♪ ♫ Who wants to live forever...

♫ I want to break free...♫

♪ ♫ A kind of magic

♪ ♫ Iwant it all ….   ♪ ♫ Somebody to love..

♪ ♫ Under pressure

Nello scenario del Rock italiano si può scovare un pò di tutto. *Su Facebook & Youtube e in blog dedicati alla musica, si possono incontrare i seguaci di Vasco, Pelù o Ligabue, si possono conoscere i fans di Gianna Nannini o della Bertè, di Fossati o di Celentano, chi ricorda e* acclama Ivan Graziani o Rino Gaetano. C'è inoltre chi preferisce seguire gruppi come Stadio, Pfm, Litfiba, Nomadi o i Pooh. E *poi c'è chi crea delle pagine dedicate alle varie performance di Vasco, mettendo persino in dubbio alcune sue grandi qualità: c'è chi lo adora e chi lo implora, c'è chi si stupisce per chi lo schernisce* **e** chi non crede *al suo ritiro dai fantastici palchi italiani o dalle vaste scene musicali. C'è chi preferisce semplicemente Vasco a Ligabue, e poi c'è chi considera entrambi dei grandi rockers da amare e da accogliere con la stessa passione. Vasco Rossi & Ligabue: 2 emiliani doc,* ♪♫ *Vita spericolata* ♪ ♫ *Certe notti. l'uno di Zocca, l'altro di*

Correggio, di uguali origini, ma di diverse personalità, 2 geni indiscussi del suono rock, 2 modi differenti di condurre e di affrontare il pubblico, 2 diverse età, ma stesse passioni, coloro che hanno saputo coinvolgere in maniera differente e impeccabile il popolo rock italiano. Forse ciò chi li accomuna veramente è proprio il palco, il palco delle grandi emozioni, il palco delle 1000 occasioni e delle 1000 rivincite personali. Il loro palcoscenico non è altro che l'altare del loro essere, la loro reale ragione di vita, dove riescono a scovare la loro maniera per purificarsi e ricaricarsi, dove riescono a raccontare esperienze d'amore, affetti di ogni genere e disagi di ogni tipo, dove riescono a trasmettere quelle vere e forti emozioni che soltanto noi possiamo percepire e accudire. Un fantastico mondo, dove riescono a mantenere la testa arroccata sulle nuvole e i piedi ben piantati in terra, dove si respira e si assapora la loro verve musicale, dove si dimostrano dei veri torrenti in piena, dove tutto è pura adrenalina e nient'altro che quella. Un meraviglioso viaggio, dove si coglie al meglio l'anima del loro rock sempre più vivace, dove tutto è concesso, anche la loro eterna follia, dove tutto è stupefacente rispettando la propria mente, dove tutto s'incontra e si scontra, reale e surreale, magia e poesia, dove riescono a sfoggiare finalmente la loro vera natura avventurosa, eccessiva ed evasiva, sfrenata e smodata, riuscendo nel favoloso intento di accontentare e arricchire tutti, proprio tutti. Un vero palcoscenico in cui loro stessi sono totalizzanti, sì proprio loro, coloro che hanno scandito le nostre feste, i nostri amori e disamori, le nostre nottate, le nostre vere e care amicizie, i nostri piccoli e grandi momenti di libertà e di felicità, sì proprio loro, i nostri rockers Vasco Rossi & Ligabue

♫ ♪ ♫ ♪Siamo solo noi...

♪♫Standing ovation   Una canzone per te...♪♫

♪ ♫ C'E' CHI DICE NO..

♪♫ *Liberi..Liberi*   *Sally.....* ♪

 ♫ *COSA SUCCEDE IN CITTA'*   *Laura...* ♪

Ogni volta...♫   Senza parole....

Va bene,va bene cosi'..♫

. *Cosa succede in citta'.....*   ♪ ♫ *Gli spari sopra*

♪ ♫   *Stupendo...*   .Gabri

Vita spericolata   ♪♫ *vivere....*

Guarda dove vai   ♪ ♫   *Gli angeli*

♪ ♫ *Vivere una favola....*   *.Stupido hotel...*♪ ♫

♪ ♫ Piccola stella senza cielo...

 ♪ Certe notti...   ♪ ♫ Tra palco e realta'

♪ ♫ Il giorno di dolore che uno ha

♪ ♫ Non e' tempo per noi..   ♪ ♫ Bar mario...

♪ ♫ Lambrusco & pop corn

♪ ♫ Questa e' la mia vita...

♪ ♫Happy hour   ♪ ♫ Il centro del mondo

♪ ♫Una vita da mediano...   ♪ ♫ Il giorno dei giorni...

♪ ♫Urlando contro il cielo...

♪ ♫ A che ora e' la fine del mondo?

Nelle radio, nei vari concerti e in diversi

locali rock, c'è chi vuol ascoltare brani

storici dei mitici Beatles o testi recenti dei
Muse, Green Day, Radiohead, Coldplay e
Placebo. C'è invece chi preferisce
semplicemente i Beatles ai Rolling Stones,
facendolo sapere a tutti gli amici di
quartiere o di Facebook. C'è inoltre chi li
ricorda con immagini epocali in gruppi ed
intere pagine su Facebook o Youtube. I
Beatles sono stati un gruppo rock
inglese, originario di Liverpool e attivo
sulle scene dal 1960 al 1970. I 4 storici
esponenti John Lennon, Paul Mc
Cartney, George Harrison e Ringo
Starr hanno segnato in maniera
esemplare un'intera epoca nella musica
, nel costume, nella moda, nella
Società, nella Pop Art e nella storia di

tutti i giorni. Il 5 ottobre del 62' venne pubblicato il loro primissimo 45 giri "Love me do" e nella primavera dell'anno successivo usci' il loro attesissimo lp "Please Please me". Da allora in poi li vedemmo volare molto in alto. Infatti i Beatles saltarono in vetta alle classifiche e si affermarono non soltanto per la loro musica semplice e travolgente, ma anche per il loro modo di indossare certi abiti e di portare i capelli,imponendo in qualche modo la loro maniera di essere giovani. Da quei momenti in poi azzeccarono i brani giusti per sfondare nell'universo musicale e sociale. Divennero ben presto il più grande evento della musica giovanile di tutti i tempi. E così venne alla luce la

Beatlesmania, da cui furono contagiati

milioni e milioni di individui, fino ai

giorni nostri. ♪♫

♪♫ Come together   ♪ ♫Let it be..

♪♫ Yesterday..   ♪ ♫ Love me do...

♪ ♫ She loves you

♪ ♫ Across the universe..

♪ ♫Tichet to ride

♪ ♫ Hey jude   ♪ ♫ help   ♪♫ Get back

♪ ♫Lady madonna   ♪ ♫ Penny lane

♪ ♫ All you need is love ♪ ♫ Yellow submarine

QUINTO CAPITOLO

Le emozioni Rock sono infinite

♪♫*Le emozioni che viviamo, i pensieri e le parole che pronunciamo e scriviamo quotidianamente nel grande giardino della nostra vita non sono altro che preziose perle che custodiamo gelosamente e che nello stesso tempo sfoggiamo con grazia e delizia, non sono altro che note umane, poetiche e musicali, che noi amiamo accarezzare e vivere fino in fondo...ma quelle stesse emozioni che noi cerchiamo di vivere in pieno potrebbero essere semplicemente delle deliziose ciliegine che gustiamo con piacere, una dopo l'altra, anche in mezzo secolo di storia del Rock, nella mitica e favolosa Rock Generation..*♪

♪♫ *Ognuno di noi pensa e spera vivamente di essere al centro della Musica, ma non riesce a capire quanto l'Universo Rock sia al centro dei nostri pensieri.* ♪ ♪

♫ *Abbiamo bisogno di stupirci per colmare un vuoto, ma lo stupore per la Musica Rock non sarà mai abbastanza per poterci sinceramente riempire.*

♪♫ *Quando ci si sente svuotati basterebbe riempirsi di energia positiva, nutrendosi di rari pezzi d'Arte e sorseggiando gocce di musica Rock,sperando che questa Signora vita ci possa sorprendere in tutte le sue sfumature ed in tutti i suoi meravigliosi colori.*

♪♫ *L'ottusità di certa gente smetterà di preoccuparci se decideremo di rispondere sempre con la nostra musica Rock.*

Mentre la prima non porterà mai a grandi cose, il Rock volerà verso nuove e allettanti conquiste.

♪ ♫ *Il Rock dona sollievo e rende felice il cuore, arricchendo la mente di chi lo riceve e di chi lo regala.*

♪ ♫ *..Don't Stop Me Now....*

♪ ♫ *Chi non sa osare non si puo' sposare
con qualcosa di profondamente intrigante
e unica che è l'arte del rock.*

♪ ♫ *Respirare la musica Rock vuol dire
semplicemente coglierne il significato,
cercando di metterlo in pratica nel
migliore dei modi.*

♪ 𝄞 Colto e' l'essere umano che non cerca in maniera smisurata il sapere nei vari testi, ma colui che riesce a cogliere con grande stile l'essenza pura del Rock e della vita nella sua pienezza ♪ 𝄞

♪ 𝄞 *Chi scopre continuamente i dettagli Rock come oggetti d'arte inconsueti, ha la certezza di portare nuove conoscenze, ha il bisogno di offrire la sua vitalità e di applicarsi alle cause umane.*

♪♫*I sogni migliori sono sicuramente quelli che si possono realizzare soprattutto in sentieri e terreni impraticabili e non su strade facili da percorrere,* altrimenti che gusto ci sarebbe nell'inseguirli !?

E finalmente quei famosi e deliziosi sogni che avevamo inseguito da sempre si sono potuti concretizzare nel migliore dei modi. Quei suoni sublimi e soavi che avevamo udito tra le fantastiche note dell'universo musicale non rappresentano altro che il Magico canto del Rock, quello stesso Rock che ci ha fatto sognare, amare, conoscere ed assaporare i migliori nèttari della nostra preziosa esistenza e che inoltre ci ha insegnato ancora una volta che, comunque vada, lo spettacolo deve continuare.

♪♫ The Show must go on...

♪♫ The Rock must go on....

Pink Floyd, Queen, Beatles, Rolling Stones, Genesis, Vasco Rossi, Ligabue, Freddie Mercury e le altre leggende del Rock hanno scandito in maniera esemplare le vere e profonde essenze della nostra vita. Grazie infinite a tutti.

Francesco Primerano

SHOW MUST
GO ON

Le pagine e le note Rock dai colori più svariati, dalle forme e dai contenuti più invitanti, si aprono, si sfogliano, si leggono, si scrutano, si amano e poi si chiudono con la speranza e il desiderio di rileggerle nuovamente con la stessa passione che si era presentata inizialmente.

(F.Primerano)